Lk 7/343

NOTICE HISTORIQUE

SUR AOSTE

(DRÔME).

NOTICE HISTORIQUE

SUR

AOSTE

(Drôme)

Par l'Abbé A. VINCENT

Membre de l'Institut historique de France

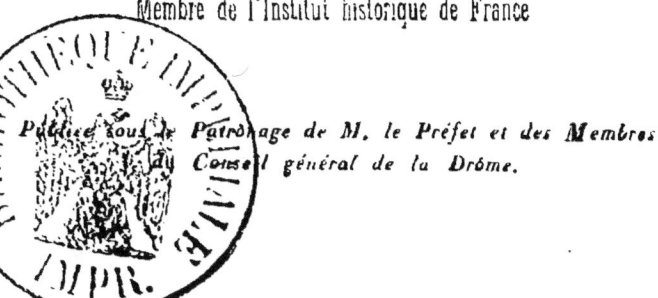

Publié sous le Patronage de M. le Préfet et des Membres du Conseil général de la Drôme.

VALENCE
IMPRIMERIE DE MARC AUREL
—
1856.

NOTICE HISTORIQUE

SUR AOSTE

Par l'Abbé A. VINCENT

Membre de l'Institut historique de France.

Il n'est pas nécessaire d'avoir fait de grandes études dans la linguistique et l'étymologie pour découvrir l'origine du mot Aouste ou Aoste. Pline énumérant les villes latines des Gaules, cite *Augusta Tricastinorum*; l'itinéraire d'Antonin, d'accord avec la table de Peutinger et l'anonyme de Ravenne, place *Augusta* entre Valence et Die. La position d'Aoste et l'analogie frappante de son nom prouvent évidemment son identité et l'entourent de cette auréole de gloire, qu'impriment à nos yeux les caractères certains d'une haute antiquité.

Les *Tricastins*, peuplade des Voconces, habitaient le territoire qui s'étend sur les bords de la Drôme et se prolonge au sud-ouest, à une distance assez bornée; leur ville principale occupait l'emplacement d'Aoste, et se distinguait des autres cités gauloises par des avantages matériels et topographiques, qu'ils surent mettre à profit, pour la défense de leurs foyers envahis ou menacés. L'empereur Auguste éleva au rang de colonie la ville des *Tricastins* et lui imposa son nom; cette érection ne suppose pas nécessairement une fondation. L'*Augusta Tricastinorum* devait peut-être son existence aux peuples aborigènes, et la colonisation, œuvre du vainqueur, ne fit qu'ajouter aux éléments de prospérité qu'elle possédait antérieurement.

Pour maintenir la conquête, il fallait rendre faciles les mouvements des légions et les rapports de l'Italie avec les Gaules; on atteignit ce but par l'établissement de routes qui, sillonnant nos contrées, permettaient aux dominateurs de se transporter partout, afin de réprimer les tentatives d'une population guerrière et jalouse de ses droits. Auguste voulant assurer le fruit des victoires de César, s'attacha à fonder plusieurs colonies aux principaux débouchés des montagnes, colonies dont le nom, quoique un peu altéré, réveille de vieux souvenirs et redira longtemps les faits et gestes des Romains. De là, l'origine de ces villes et de ces bourgs qui, en Dauphiné et ailleurs, ont conservé le nom d'Aoste ou d'Auguste leur fondateur, seul débris de leur existence première que le temps n'a pu leur enlever.

Sous l'influence des institutions et des privilèges accordés aux colonies, bientôt *Augusta* acquit un grand développement qu'attestent, de nos jours encore, les vestiges d'anciennes constructions cachées sous le sol et s'étendant au loin dans la campagne. Sa population se composait de gallo-romains, de prolétaires, de miliciens et de vétérans : ces divers éléments se confondirent peu à peu, sous la dénomination générique de citoyens romains constitués en municipes, ayant même culte et mêmes lois. L'histoire a jeté le voile de l'oubli sur les événements dont fut le théâtre *Augusta*; cependant il existe d'irrécusables témoins de son importance et de sa splendeur. Un cippe funéraire orné d'une inscription, quelques débris de la voie alpienne épars çà et là, des urnes, des fragments de mosaïque, tout cela se rattache à une époque reculée et nous révèle ce qu'il y avait de vie, de force et d'animation là, où de nos jours s'élève un obscur village, dont les habitants, tout entiers aux travaux de l'agriculture, jouissent en paix des joies du foyer domestique.

Placé sur la route d'Italie, *Augusta* a vu et subi, plus qu'aucune autre ville, les péripéties de la nation à laquelle son origine, ses mœurs, ses habitudes le liaient étroitement, tantôt ouvrant ses murs aux légions triomphantes, tantôt servant de refuge à des armées vaincues et fuyant devant les hordes du Nord. L'Empire croulait; ses provinces envahies devenaient la proie des Barbares poussés, par un instinct de conquête, vers des terres plus fécondes et un climat plus doux; le pillage, le meurtre et l'incendie inauguraient le règne de l'anarchie. Les villes brûlées, les campagnes dévastées, tout était chaos, désordre et confusion. C'est à cette époque de désorganisation sociale que disparaissent les cités gauloises, les municipes et les colonies; pour quelques-unes, la ruine fut si complète qu'on ne saurait indiquer le lieu même où elles s'élevaient. Aoste partagea le sort de tant de glorieuses villes, autrefois prospères et florissantes; les édifices dont les Romains s'étaient plu à l'embellir, temples, monuments, s'abîmèrent sous les coups des Francs et des Lombards. La charrue se promène là où s'étalaient de riches habitations; de son antique splendeur, il ne lui reste guère qu'un nom, que des décombres, des ruines ignorées et ensevelies.

La chute d'Aoste et son dépérissement datent du cinquième siècle; plus tard, comme le phénix, il renaît de ses cendres, mais transformé et sous des conditions nouvelles, qui représentaient une société sans analogie avec celle qui avait présidé à sa création et à son développement

L'obscurité qui nous dérobe ses destinées, pendant la première période du moyen-âge, est si profonde, qu'on est réduit aux conjectures pour expliquer la nature et le caractère propre de son existence. Lorsque tomba le deuxième royaume de Bourgogne, les grands feudataires se déclarèrent indépendants, s'emparèrent des terres qui relevaient de l'Empire et se formèrent un apanage mesuré sur leur puissance et leur ambition. La province viennoise fut morcelée et divisée en comtés, en principautés et en seigneuries. Le silence des chroniqueurs ne nous permet point d'indiquer le nom de celui qui, le premier, arbora sa bannière sur les rives de la Drôme, s'attribuant les droits de souveraineté et soumettant à sa juridiction les territoires de

Crest, d'Aoste et de Saillans. Dès le onzième siècle, une puissante famille, brille entre toutes, par sa gloire, ses richesses et le nombre de ses fiefs; c'était celle des Arnaud. Aoste faisait partie de leur domaine ; à eux, selon toute apparence, il faut attribuer la construction du château et des remparts d'enceinte, qui imprimaient à ce lieu cette physionomie guerrière et pittoresque imposée à tout village par les agitations sociales de cette époque de troubles et de convulsions. Contrarié dans ses vues, froissé dans ses intérêts, chaque seigneur en appelait à son épée, et le sang des vassaux coulait pour des querelles de vengeance ou de rivalité; la paix de la chaumière, les labeurs du manant, les épargnes du tenancier recevaient une atteinte plus ou moins profonde, selon la fortune, la position et l'humeur belliqueuse du châtelain. Les faits et gestes des Arnaud, seigneurs d'Aoste, nous sont demeurés cachés ; n'eurent-ils point recours à la force des armes, pour étendre et conserver leurs fiefs? Calme et heureuse, leur vie s'écoula-t-elle sans orages, sans vicissitudes, au sein du foyer paternel? A celui qui voudrait résoudre ces questions affirmativement, le doute arrive devant les événements, qui ailleurs remplissaient si tristement cette époque de notre histoire, et ce doute augmente encore, à l'aspect de ces forts et de ces murailles épaisses, qui défendaient jadis les terres soumises à leur pouvoir.

Cependant, au milieu des conflits et des guerres qu'engendrait la féodalité, se produisait un mouvement généreux, qui portait les grands à doter les églises, les monastères, à fonder des hôpitaux et des prieurés. Entraîné par cette impulsion, un membre des Arnaud, détacha les plus belles terres de son apanage en faveur de l'église de Die. Un acte, daté du 15 août 1146, porte concession de Crest, d'Aoste, de St-Médard et de St-Benoît à Hugues II, évêque de Die. L'étendue et l'importance de cette libéralité nous donnent la mesure des sentiments de piété ou de reconnaissance qui animaient le donateur (1).

Le même prélat recevait en 1157 de Frédéric Ier, empereur d'Allemagne, la souveraineté entière sur Die et la confirmation de ses droits sur Aoste et un grand nombre de fiefs. Elevé par tant de largesses à un rang, que rehaussait encore le pouvoir spirituel, il prit le titre de comte de Die et de prince de l'Empire. Cependant les Poitiers possédaient diverses terres éparses dans le diocèse, et s'autorisaient de cette circonstance pour se revêtir, dans leurs actes et transactions féodales, du titre fastueux de comtes du comté de Diois; mais tout ce pompeux étalage de puissance était plus mensonger que réel; car le haut domaine sur le Diois appartenait, en fait et en droit, aux évêques de Die, notamment depuis les lettres-patentes octroyées par Frédéric et renouvelées plus tard par Philippe II et Frédéric II (2).

Les fiefs des évêques de Die et des sires de Poitiers étaient donc voisins et souvent enclavés les uns dans les autres; c'était un motif plus

(1) *De Rebus gestis, etc.*, par Columbi, p. 76.
(2) *De Rebus gestis*, etc., par Columbi, *p.* 38, 48 et 104.

que suffisant pour faire naître une rivalité jalouse qui, nous le verrons bientôt, devait se traduire en sanglants démêlés, en luttes violentes, que l'égalité des forces semblait éterniser. Aoste eut beaucoup à souffrir de ces querelles à main armée; cependant les fâcheux résultats qu'entraînait la contestation des droits seigneuriaux sur ce lieu, trouvèrent une compensation dans les franchises et privilèges accordés aux habitants par les divers contendants, tous animés du désir de les attacher à leur cause. Guillaume de Savoie, évêque de Valence, intervient à son tour, en 1227, dans les affaires intérieures de la communauté d'Aoste, en vertu d'une donation faite par Silvion de Crest, doyen du Chapitre de Saint-Apollinaire. L'opulent chanoine abandonna au prélat sa part de juridiction sur Crest ; l'autre relevait des Poitiers comtes de Valentinois (1). Il cède encore Aoste et Divajeu tombés, on ne sait comment, en son pouvoir. En retour, Guillaume s'engage à lui livrer Montvendre, Beaumont et une pension annuelle de 100 livres, prélevée sur le péage de Valence. Cet échange valut à Aoste des exemptions de charges et diverses libertés, dont la nature tendait à fortifier sa constitution municipale et à la prémunir contre les tentatives d'un arbitraire, alors trop commun.

Une effervescence générale agitait depuis un siècle les bourgeois des grandes cités, au profit de l'émancipation des communes ; répété d'écho en écho, le cri d'affranchissement pénétra jusque dans les villages du Diois et

(1) *De Rebus gestis*, etc., par Columbi, p. 56.

du Valentinois, et le peuple de nos campagnes se prit à réclamer lui aussi, l'élargissement et la reconnaissance de ses droits. Guillaume de Savoie se rendit aux vœux des habitants d'Aoste et leur accorda une charte, qui établissait clairement les rapports du vassal avec le seigneur, et rendait sa condition plus douce, par l'allègement du fardeau qui, jusquelà, avait pesé sur lui (1).

Les comtes de Valentinois ne pouvaient voir, sans dépit, l'autorité temporelle des évêques s'étendre et s'agrandir; de là cette persistance à l'amoindrir et à l'arrêter dans son développement; le voisinage des terres fournissait chaque jour, à leur politique brouillonne et remuante, le prétexte d'une hostilité sourde, cachée, mais le plus souvent marquée par la violence et de subites invasions. En 1267, Aymar de Poitiers se jeta sur les fiefs de Bertrand, évêque de Valence, et s'empara de plusieurs châteaux; il voulait arracher Aoste au pouvoir de son rival et le ranger sans partage sous sa domination. Le sang répandu, les campagnes dévastées appelaient la vengeance et les représailles; à la voix du prélat, tout le Valentinois s'ébranle; de nombreux vassaux se mettent en campagne et envahissent, à leur tour, les bourgs et les villages qui dépendaient du comte Aymar (2).

Cette guerre n'amena aucun résultat décisif; après une lutte aussi longue qu'acharnée, les deux contendants se retirèrent épuisés de l'arène sanglante. La question n'avait pas fait un pas;

---

(1) *De Rebus gestis*, etc., par Columbi, p. 254.
(2) *De Rebus gestis*, etc., par Columbi, 64.

Aoste demeurait comme une proie destinée au plus habile et au plus fort. Quelques années s'écoulèrent ; puis, lassé du repos, auquel l'avaient condamné le triste état de ses finances et l'attitude énergique de son rival, Aymar se mit de nouveau en campagne, certain de triompher et d'abattre à jamais une puissance qui l'ombrageait; il avait pour auxiliaires Giraud-Adhémar de Monteil, Guigues Bérenger, prince de Royans, et Reymond, seigneur de Châteauneuf-d'Isère. Les communautés d'Aoste et de Saillans inclinaient pour lui, et se déclarèrent en sa faveur par l'envoi de nombreux miliciens. Tout semblait donc justifier la confiance d'Aymar et lui présager une victoire assurée. Mais Amédée de Roussillon lui opposa une habileté contre laquelle devaient échouer ses efforts et ses projets. Les évêchés de Valence et de Die venaient d'être réunis par une bulle de Grégoire X, et c'était en lui que reposait l'administration des deux diocèses ; il pouvait donc disposer de forces imposantes et répondre à la violence par la violence. Les habitants du Diois épousèrent sa cause avec un dévouement qui fut toujours à la hauteur du péril et des besoins. Fort de la valeur et de l'attachement de ses vassaux, Amédée vit venir, sans effroi, cette heure décisive et solennelle où l'épée allait être tirée; un instinct guerrier le poussait lui-même à la lutte et le transformait sur le champ de bataille en capitaine consommé. Il excellait encore dans la diplomatie; car les chroniques nous le montrent triomphant de son fougueux adversaire par de sages négociations soutenues de conquêtes et de succès. Plusieurs places appartenant au comte de Valentinois étaient tombées en son pouvoir, et il poursuivait sa marche victorieuse avec une célérité qui frappait l'ennemi de stupeur. Honteux de s'être compromis dans un démêlé sans gloire pour eux, Adhémar de Monteil et le prince de Royans traitèrent secrètement avec lui et se retirèrent de la lice. La soumission de Saillans lui fut acquise par un pacte qui liait ses habitants à sa cause et à ses intérêts; trompés dans leurs espérances et découragés par les revers d'Aymar, ils jurèrent fidélité au prélat, s'engageant, en retour de quelques concessions, à le reconnaître pour leur seigneur temporel. Ainsi délivré des plus grands obstacles qu'il avait à redouter, Amédée dirigea ses troupes vers Aoste, entoura la place et donna aux opérations du siège cette activité qui lui avait valu ses triomphes les plus éclatants La ville, quoique défendue par une forte ceinture de murailles crénelées que protégeaient des fossés larges et profonds, ne put tenir long-temps contre les efforts d'une armée aguerrie et confiante dans ses forces. Les habitants, démoralisés par la reddition de Saillans et les défaites du comte de Valentinois, ne soutinrent que faiblement les attaques des assiégeants. Aoste fut emporté et livré au pillage; mais la tâche n'était point terminée; les soldats de la garnison n'ayant pu sauver le bourg, se réfugièrent dans le donjon, citadelle imposante et revêtue de toutes les conditions, qui constituaient alors les places les mieux fortifiées. Amédée comprit ce que lui dictait l'honneur; il résolut de s'emparer du château et déploya les mesures les plus propres à lui assurer un prompt succès. Battre les murs en brèche, monter à l'assaut, attaquer simultanément tous les points, telle fut la pensée qui dirigeait les troupes épiscopales. Les assiégés résistèrent faisant face au danger, bravant la mort et repoussant avec ardeur les assaillants ; au troisième jour cependant, l'ennemi pénètre dans l'enceinte du château ; c'est alors que s'engage une lutte corps à corps ; le sang coule ; des cadavres gisent sur la brêche et aux pieds des murs ; la victoire est aux assiégeants ; soixante soldats de la garnison sont faits prisonniers ; quelques-uns parviennent à s'échapper ; le reste se défend encore, préférant une mort glorieuse à la honte et aux angoisses de la captivité. Cet épisode des guerres du moyen-âge eut lieu en l'année 1277 (1). Vaincu et abandonné de ses amis, Aymar demanda merci et accepta les conditions de paix que proposaient d'augustes médiateurs. Les places qu'il avait perdues lui furent rendues ; mais les droits de son adversaire, sur Crest et Divajeu, reçurent, des clauses du traité, une consécration solennelle dont il n'ignorait pas l'importance et la valeur.

La juridiction des évêques de Valence, ainsi sanctionnée par la victoire, s'exerça sans obstacle à Aouste, pendant de longues années ; elle n'était que partielle, il est vrai, et n'embrassait pas toutes les parties du mandement ; car le prieur de Saint-Pierre avait la jouissance de quelques prérogatives féodales, qui tenaient à la suzeraineté : morcelée et manquant d'unité,

---

(1) *Vie d'Amédée de Toussillon*, par Columbi, p. 356.
Histoire du Dauphiné, par Valbonnais, tome 2, p. 13.
Histoire du Dauphiné, par Chosier, tome 2, p. 157.

cette juridiction temporelle finit par s'amoindrir sous la tendance du pouvoir royal à s'agrandir, aux dépens de seigneurs trop faibles pour se défendre et soutenir leurs droits.

Aoste se releva lentement des pertes qu'il avait essuyées, pendant la longue période des troubles excités par l'ambition des Poitiers. Ses remparts ouverts, son château affaibli, ses habitants réduits à la misère, accusaient hautement combien il avait souffert des maux de la guerre. Pour réparer tant de désastres, il aurait fallu une paix profonde et assurée ; mais cette paix ne lui fut accordée que sous le règne de Louis XI. Alors il reprend un peu de cette splendeur dont il était déchu, depuis les sanglantes hostilités qui agitaient le Diois et le Valentinois ; la fécondité de son territoire, un travail actif et de nombreuses opérations commerciales, lui rendent le bien-être et la sécurité ; le passé est oublié ; quelques ruines seules attestent les convulsions d'une société vieillie et remplacée par de nouvelles générations, se mouvant sous des lois plus douces et aspirant vers un avenir, où les intérêts de la communauté se développeront sans encombre et sans crainte.

Pendant son séjour en Dauphiné, Louis XI avait beaucoup amélioré le sort du peuple, soit en élargissant l'action des municipalités, soit en restreignant le pouvoir des grands feudataires de la commune ; sa politique ombrageuse et jalouse les condamnait à l'inaction et au repos ; ils portaient encore la rapière au côté : leurs demeures avaient encore conservé l'aspect guerrier, que leur donnaient, au moyen-âge, les créneaux, les tours et les ponts-levis; mais ils avaient un maître avec lequel il fallait compter, et ce maître se réservait, à lui seul, le pouvoir de tirer l'épée. Les disputes à main armée, les guerres sanglantes allumées par l'ambition, l'envahissement des terres d'un voisin, tout cela semblait à jamais écarté.

Cependant il existait un mal contre lequel se brisait la force et la volonté du souverain. Les Dauphins de France, devenus maîtres du Valentinois et du Diois depuis l'extinction de la branche aînée des Poitiers, avaient bien pu donner la paix à nos aïeux, en réfrénant l'ardeur belliqueuse des barons et des gentilshommes du pays; mais devant la peste, que pouvaient leurs ordonnances et leurs armées? La population d'Aoste fut décimée à différentes époques par le mal des ardents, la lèpre et ces maladies contagieuses, désignées par les documents publics sous le nom générique de peste. En 1483, Valence, Crest et les bourgs voisins étaient envahis par cet ennemi si mystérieux, si insaisissable, que rien ne pouvait le combattre. L'effroi glaçait tous les cœurs; le sentiment de la crainte, une torpeur générale paralysaient le commerce, l'agriculture et arrêtaient même l'action de la justice. Les membres de la sénéchaussée de Crest, comprenant tout ce qu'il y avait de dangereux et de funeste dans la suspension de leurs travaux, se transportèrent à Aoste et fixèrent en ce lieu le siège de la cour majeure des deux comtés. Cette mesure n'était que provisoire et momentanée; mais il est utile de la constater ici, car elle témoigne clairement que la peste avait épargné Aoste, tout en s'abattant, comme un vautour, sur les communautés des environs (1).

La destruction des archives locales a répandu sur l'existence de ce bourg une obscurité qu'aucune lueur ne vient dissiper. Son antiquité, sa position topographique et son enceinte fortifiée l'appelaient à jouer un rôle important; il a vu s'accomplir de grands événements; mais de tous les faits dont il a été le théâtre et souvent la victime, il ne nous en est parvenu que de faibles souvenirs consignés, comme à regret, dans les chroniques du Dauphiné; de son côté la tradition, ce dépositaire des choses passées, n'a rien conservé qui pût flatter le patriotisme et exciter l'imagination à un haut degré.

Pendant le quatorzième et le quinzième siècle, on l'a vu, les annales d'Aoste sont dépourvues de cet intérêt qui s'attache aux actions éclatantes; sa vie, ses forces se concentrent et tournent au profit de son bien-être intérieur; les institutions municipales se fortifient; le commerce et l'agriculture se développent; de nouveaux horizons apparaissent et le mouvement vital, quoique peu sensible, fait présager pour l'avenir de la communauté un état florissant, au sein duquel elle trouvera l'allègement des charges publiques, une paix profonde et la satisfaction complète des besoins amenés par la modification des mœurs et des idées.

Aujourd'hui que le temps et les révolutions ont passé sur ce bourg, il serait difficile de présenter un tableau exact de sa constitution au moyen-âge. Il était entouré d'une double en-

---

(1) Archives de Châteauneuf-de-Mazenc.

ceinte de murailles flanquées de tours et environnées de fossés. Quatre portes s'ouvraient dans la direction des quatre points cardinaux ; elles étaient désignées sous le nom de porte *Tourelle*, de *Saint-Christophe*, de *Surville* et de *Sie*. Au milieu de cet ensemble de fortifications se détachait le donjon, espèce de citadelle composée de vastes bâtiments et d'une tour colossale. Telle était la physionomie d'Aoste aux temps féodaux ; ses dehors grandioses et imposants cachaient ce qu'il y avait de mesquin et de défectueux dans la disposition des rues ; la forme des maisons, les croisées, les ouvertures révélaient une architecture tantôt grandiose, tantôt sévère ; de nombreuses ruelles aboutissaient aux rues principales, dont quelques-unes portaient un nom aujourd'hui perdu et effacé de la mémoire des habitants.

La communauté d'Aoste avait pour code administratif des usages, de vieilles coutumes, des franchises et des chartes. Un châtelain, assisté de deux consuls, présidait aux affaires du mandement, aux assemblées des notables, à la police et à la garde du bourg. Les délits et infractions étaient réprimés par les arrêts d'une petite cour de justice fonctionnant au nom du seigneur haut-justicier.

Lorsque la lèpre venue de l'Orient avec les croisés et les pèlerins, se fut implantée en France, exerçant de cruels ravages, on s'émut, on se laissa aller à la compassion pour ces tristes victimes que la société bannissait de son sein. De petits hospices s'élevèrent loin des habitations, et c'est là que devaient vivre et mourir les lépreux. Il existait un établissement de ce genre sur le territoire d'Aoste, appelé *Maladière* ou mal de la *ladrerie*. La lèpre ayant disparu avec les causes qui l'avaient fait naître, les *maladières* tombèrent en ruines, délaissées comme un objet dont on approche qu'avec terreur. Les biens destinés à secourir ceux qu'atteignait ce mal hideux, furent appliqués au soulagement des infirmes et des nécessiteux. L'hôpital d'Aoste était bâti sur la rue du Château. Des legs considérables accrurent bientôt ses revenus, en sorte que vers le seizième siècle il était assez richement doté pour faire face aux besoins de tous les pauvres du mandement. Pendant les troubles de la Réforme, ses biens furent gaspillés, ses titres de propriété aliénés ou perdus; son dépérissement fut si rapide qu'au retour de la paix il ne restait plus qu'un nom pour rappeler son existence, celui de rue de l'*Hôpital*. Aujourd'hui cet unique souvenir ne vit plus que dans les archives, tant l'oubli pèse lourdement sur les institutions d'autrefois (1).

Nos pères ne furent point étrangers à ces nobles efforts, à ces généreux sacrifices que réclamait le développement des intérêts matériels. L'histoire est là pour redire leur sollicitude, leur zèle et leur patriotisme. Le bourg d'Aoste, par ses fortifications, était à l'abri d'un coup de main. Les arrêts de la judicature sanctionnés par le gibet, la prison et les amendes maintenaient le respect des lois, assurant à chacun le redressement de ses griefs; la sécurité intérieure reposait sur la vigilance du magistrat chargé des règlements de police; un hôpital

(1) Archives de la préfecture.

servait d'asile aux souffreteux et aux indigents; tout cela atteste une intelligence profonde des besoins du pays. Divers établissements religieux représentaient la force morale, ce soutien indispensable à toute société qui veut vivre et prospérer.

A peu de distance, du côté de Crest, s'élevait l'église de Saint-Christophe; construite dans la seconde période du moyen-âge, elle rappelait, par son architecture, ce genre simple, mais grave et solennel, qui caractérisait les monuments érigés à cette époque; c'était l'église paroissiale. Le cimetière qui l'entourait servait de sépulture à une partie des habitants. Il y avait dans ce voisinage une haute leçon qu'on semble méconnaître de nos jours. Quand, pour aller prier, il faut fouler la terre qui recouvre les restes de ceux que nous avons aimés, le souvenir des morts se réveille, et avec lui nous arrivent des émotions et de sages enseignements. Le sentiment de cette vérité présidait au choix des sépultures, et c'était à l'ombre du sanctuaire, ou près de ses murs vénérés, que nos ancêtres aimaient à dormir de leur dernier sommeil; aujourd'hui, on relègue les cimetières en des lieux écartés, bien loin de l'aspect des vivants. Qu'y ont gagné les générations présentes?

Un second édifice frappait les regards du voyageur qui s'acheminait vers Saillans; une église, des bâtiments claustraux et un cimetière adjacent lui révélaient la présence du prieuré de Saint-Pierre fondé dans le onzième ou le douzième siècle; il dépendait du prieuré de Saint-Giraud de Saillans, membre lui-même de l'abbaye d'Aurillac, de l'ordre de Saint-Benoît. Dès le principe, il avait un prieur particulier; mais en 1535, il fut sécularisé et uni perpétuellement à celui de Saint-Giraud. Une bulle du pape, publiée en 1564, soumit à la collation du roi de France les prieurés d'Aoste et de Saillans. Cette mesure porta un funeste coup à ces deux établissements; car les prieurs n'étant plus choisis nécessairement parmi les religieux de l'ordre, la discipline se relâcha et la ferveur des moines dut se ressentir profondément de l'absence des titulaires que ne liaient plus les mêmes vœux et les mêmes devoirs; ils consumaient, loin de leurs bénéfices, des revenus consacrés désormais à soutenir une existence mondaine et peu en harmonie avec l'esprit d'humilité qui animait leurs devanciers. Parmi les chapelles de l'église de Saint-Pierre, on remarquait celles de Saint-Nicolas, de Saint-Loys et de Notre-Dame-de-la-Rousse; toutes avaient des biens destinés à l'entretien d'un recteur. Un prêtre religieux était attaché aussi à la sacristie de Saint-Pierre, et jouissait des revenus inhérents à cet office autrefois établi dans presque toutes les églises. Quant au prieuré, il était très-riche; on en trouve le témoignage dans ses lièvres et ses terriers. La perception des dîmes ayant fait naître quelques difficultés entre le prieur et les habitants, elles disparurent en 1550 par une transaction qui obligeait ceux-ci, à payer le vingtième des grains, à transporter la vendange devant la maison prieurale, à fournir la lumière et à se charger d'un tiers des réparations de l'église paroissiale. Le prieur s'engageait de son côté à distribuer par an douze sétiers de blé aux pauvres du mandement (1).

Le curé de Saint-Christophe, inspiré par le désir de se procurer une position moins précaire, renonça en 1552, au profit du prieur, à tous les biens annexés à son église, moyennant une pension fixe de 120 livres, représentant la portion congrue due par le décimateur. En retour de cette aliénation, le prieur eut à pourvoir aux frais du service divin. On voit par cet exposé de la situation d'Aoste, au point de vue religieux, combien grande était l'influence du titulaire de Saint-Pierre. La présence des Bénédictins, du curé et de nombreux recteurs, donnait aux cérémonies et aux solennités un caractère de grandeur qu'on chercherait en vain de nos jours. La splendeur des églises, l'éclat des pompes chrétiennes au moyen-âge, ont fait place à la pauvreté et à la lésinerie ; les sanctuaires sont dépouillés du luxe dont les ornait la piété de nos aïeux ; ces églises, ces oratoires qu'ils aimaient à parer, ils sont en ruines, et ces ruines gisent obscures, sans nom et sans reflet. Le pâtre et le laboureur les contemplent d'un œil indifférent. Pour eux, tout débris, tout vestige est muet ; mais à l'âme méditative et rêvant du passé, il redit quel abîme les révolutions ont creusé, quelles tempêtes ont soufflé sur nos pays.

Aux éléments de bien-être moral et religieux que possédait Aoste, se mêlaient de puissantes ressources tirées de l'agriculture et de l'industrie. Aymar du Rivail, ayant parcouru le Dauphiné

(1) Archives de la préfecture.

au commencement du seizième siècle, pour en tracer le tableau au point de vue historique, a constaté en quelques mots l'état prospère et florissant dans lequel il trouva le bourg d'Aoste. Ce qui réveilla son attention, ce fut la fabrication de tuyaux en terre appelés *bournaux*, destinés aux fontaines et à toute espèce de conduits d'eau. La perfection et la solidité du travail avaient étendu leur réputation ; on les expédiait pour les contrées les plus lointaines. De la vente et de la composition de ces *bournaux*, résultait une animation qui répandait l'aisance et favorisait l'extension des intérêts matériels. Les autres branches d'industrie étaient cultivées par les Juifs, alors très-nombreux à Aoste et relégués dans un quartier appelé *Juiverie*. Ces représentants d'un peuple proscrit, humilié et persécuté, trafiquaient du malheur, de la souffrance et de la pénurie ; un négoce usurier leur attirait partout la haine et le mépris ; souvent la crainte du pillage servait de contre-poids à leur cupidité. Mais après les *émotions* et les soulèvements populaires que provoquaient l'ignorance, le fanatisme et l'horreur pour un commerce inique, ils se reprenaient encore à continuer une existence semée de périls, il est vrai, mais dont les angoisses trouvaient une large compensation dans les bénéfices qu'ils réalisaient chaque jour. Cet aperçu général de l'organisation d'Aoste ne saurait offrir le même charme et les mêmes attraits qu'une narration minutieuse et détaillée ; cependant il suffit pour nous donner la mesure des changements qui se sont opérés dans les mœurs et l'état social.

La communauté s'avançait paisiblement dans

des voies meilleures, réformant, créant et se préparant à un avenir qui allait lui manquer. C'était sous le règne de Henri II; de sourdes rumeurs faisaient présager une violente tempête. Les doctrines de Luther avaient amené la division dans les esprits; longtemps les partisans du moine apostat dérobèrent la connaissance de leurs coupables projets; mais en 1560, ils levèrent le masque et, en prenant les armes, ouvrirent cette ère de sang et d'anarchie, qui devait livrer la France à toutes les horreurs d'une guerre civile. La politique exploita le sentiment religieux au profit de ses desseins cachés, et l'on vit des princes du sang, un Condé, un Henri de Navarre, appeler à eux les huguenots et s'en faire un appui pour renverser le duc de Guise tout puissant à la cour. De son côté, le prince lorrain grandit la querelle et montra aux catholiques, alarmés par l'apparition des erreurs de Calvin, le trône et l'autel à la fois menacés. Travaillé de bonne heure par des émissaires secrets envoyés de Genève, le Dauphiné devint le théâtre principal de cette lutte acharnée dont le souvenir nous glace encore d'effroi et de terreur.

La position topographique d'Aoste, sa double enceinte de murailles et l'importance de sa population, le forcèrent à entrer dans la lice. Toutefois, son rôle et sa part d'action ne nous sont manifestés que par des faits sans suite et sans liaison. Les chroniqueurs contemporains et les archives communales se renferment dans un silence qui laisse libre carrière aux conjectures. Les consuls déployèrent tout ce qu'il y avait en eux d'intelligence et de dévouement; mais leur tâche n'était pas de transmettre à la postérité le récit des événements dont ils étaient les acteurs et les témoins. L'entretien des remparts, la fourniture de vivres aux soldats de la garnison, la perception des tailles, des frais de réparation, voilà ce qui remplit les registres consulaires de cette époque si féconde en troubles et en agitations.

Aoste et Allex tombèrent au pouvoir de Montbrun, chef avéré des huguenots du Diois et du Valentinois. Les hauts faits de ce fougueux sectaire lui avaient acquis une réputation de valeur bien méritée; son nom seul lui ouvrait les portes de nos bourgs et de nos villages; on connaissait partout sa bravoure, son audace et son intrépidité; mais il souillait sa gloire par les actes les plus iniques, que puisse inspirer la haine religieuse. Les monastéres détruits, les églises pillées et ravagées, les prêtres pendus ou égorgés avec tout le raffinement de la cruauté, les bourgs enlevés avec la plus étonnante rapidité, c'était plus qu'il n'en fallait, pour que le bruit de sa marche jetât l'épouvante et la consternation dans les lieux qu'il devait traverser. Aoste apprit, dès les premiers jours, ce que voulaient les huguenots, une réforme impie et une domination tyrannique, c'est-à-dire le sang et la destruction. L'église de Saint-Christophe, le prieuré de Saint-Pierre et tous les édifices religieux furent envahis, brûlés et ravagés; les archives relatent cette destruction, mais sans indication de date et sans détails; bientôt il ne resta plus que des ruines, des murs calcinés et sans toiture; les moines du prieuré, les prêtres attachés au service de la paroisse, traqués comme bêtes fauves, se cachèrent en lieu sûr, attendant l'heure de la délivrance et de la liberté. Trop faibles pour résister, les habitants subirent un joug humiliant qui pesait sur eux de toute la morgue et de toute la fureur qu'inspirait la victoire (1).

Cependant les chances de la guerre allaient adoucir tant de maux et ranimer l'espérance des catholiques abattus par les revers de la dernière campagne. Le prince Dauphin d'Auvergne voulant venger l'échec qu'il avait essuyé à Pont-en-Royans, venait de réunir un corps d'armée considérable et s'avançait vers le Diois, suivi d'une nombreuse artillerie. Allex tombait en son pouvoir le 16 juin de l'année 1573 ; le lendemain, il dirigea ses troupes vers Aoste qualifié de *villette* ; son camp établi autour de la place, il fit battre en brèche les remparts ; vers le soir, le canon avait renversé un large pan de murailles. Les huguenots, qui occupaient le bourg au nom de Montbrun, n'eurent garde de tenter une résistance, que tout leur annonçait devoir être inutile et sans succès. Lutter, c'était courir à une perte certaine ; il fallait fuir ou mourir sur la brêche ; comme le sort des défenseurs d'Allex leur souriait fort peu, ils prirent le parti, sinon le plus glorieux, du moins le plus prudent. L'artillerie avait cessé le feu ; une nuit profonde enveloppait le camp et forçait les assiégeants à suspendre leurs attaques. Profitant de cette inaction et protégés par d'épaisses ténèbres, les soldats de la garnison sortent de la place, secrètement et sans bruit, par un quar-

1) Archives de la préfecture.

tier non gardé ; leur fuite s'opéra avec tant de mystère et de silence, qu'elle demeura cachée aux troupes royales, retirées sous des tentes, pour y prendre un repos que les fatigues de la journée rendaient urgent et nécessaire. Lorsque brillèrent les premières lueurs du crépuscule, tout se mit en mouvement dans le camp ; on se disposait à un assaut général ; les échelles furent appliquées contre les remparts ; des soldats aguerris et rêvant de victoire se pressent, se suivent et atteignent les créneaux. Point d'ennemi pour les défendre ! L'abandon et la solitude où ils voient la place leur fait craindre un piège, un danger caché. Cependant enhardis par la voix des chefs, ils avancent et pénètrent dans l'intérieur sans coup-férir. C'est alors qu'elles apprennent le départ honteux de la garnison pendant la nuit; furieux de se voir ainsi mystifiés, ils déversent leur colère et leur rage sur les habitants; Aoste est pillé sans distinction d'amis ou d'ennemis, de catholiques ou de réformés. C'est ainsi que cet infortuné bourg passait des huguenots aux catholiques et des catholiques aux huguenots ; quelque fut le drapeau des partis qui s'introduisaient dans son enceinte, il n'était plus un emblème d'honneur, de justice et de protection (1).

Après ce facile triomphe, le prince Dauphin tourna sa marche vers les bourgs voisins, laissant à Aoste une garnison suffisante pour le défendre contre de nouvelles agressions. Six mois

---

(1) *Histoire du Dauphiné*, t. 2, p. 660.
Recueil de Faits mémorables, etc., p. 512.
Mémoires d'Eustache Piémont.

s'étaient à peine écoulés, que Gordes, lieutenant du roi en Dauphiné, se rendit à Aoste pour s'assurer de l'état de ses fortifications et se convaincre, par ses propres yeux, que la place ne manquait, ni de vivres, ni de munitions. Sur le point d'attaquer Livron, il voulait éloigner tout ce qui pouvait nuire au siège et affaiblir ses opérations contre une ville devenue le boulevard des huguenots. Allex, Aoste et Die, alors occupés par des troupes catholiques, servaient comme de points d'appui pour protéger le mouvement des troupes et assurer les convois (1).

Les événements se déroulaient rapides et imprévus ; mais les partis affaiblis et lassés étaient impuissants à frapper de grands coups ; des camps volants, des guérillas, tombaient à l'improviste sur les bourgs mal gardés : la surprise ouvrait les portes à ces conquérants d'un jour, et leurs succès s'en allaient par les mêmes causes qui les avait amenés. Ces phases diverses, ces péripéties produisaient le découragement dans les âmes et achevaient la ruine des communautés, épuisées d'argent, d'hommes et de ressources.

La défaite et la prise de Montbrun, au combat de Mirabel, sembla un instant devoir réaliser des vœux qui étaient dans tous les cœurs ; mais cet espoir né d'une brillante victoire à laquelle purent assister les habitants d'Aoste, puisqu'elle fut remportée non loin de leurs murailles, ils le virent s'évanouir, et leur joie éphémère fit place à de nouvelles angoisses et à de

(1) *Histoire du Dauphiné*, t. 2, p. 664.

nouvelles terreurs. Le valeureux capitaine huguenot avait écrasé les Suisses près du pont d'Oreille ; de Gordes, voulant arrêter les progrès de l'ennemi, envoya chercher de nombreux renforts. Ourches, Lestang et Rochefort revenaient à la tête de douze cents lanciers, de quatre cents arquebusiers et de deux mille cinq cents fantassins ; ils avaient franchi Aoste et approchaient de Mirabel, se dirigeant en toute hâte vers les montagnes du Diois, lorsque Montbrun impatient de se mesurer encore avec les catholiques, abandonne une position avantageuse et va au-devant des troupes qu'attendait Gordes pour reprendre la campagne avec succès ; il rencontre l'avant-garde près du pont de Mirabel ; c'était au mois de juillet de l'an 1574. Au premier choc, la fortune se montre indécise ; cependant, après quelques heures d'une lutte violente et acharnée, les catholiques triomphent ; Montbrun serré de près, veut franchir le canal d'un moulin ; mais son cheval harassé et fatigué se refuse à ce suprême effort ; d'où va dépendre le sort de la journée ; il tombe et Montbrun a une jambe fracturée. Dupuy-Rochefort et d'Ourches, qui le pressaient vivement dans la mêlée, l'entourent et le font prisonnier. La nouvelle de son malheur circule dans les rangs des huguenots ; tous prennent la fuite, ramenés en désordre à Pontaix par le jeune duc de Lesdiguières, dont la voix et les conseils avaient été si imprudemment méconnus. Pâle et souffrant, Montbrun traverse le bourg d'Aoste, sur une litière, conduit à Crest par ces mêmes soldats qu'il avait tant de fois vaincus et humiliés.

Cet événement eut un grand retentissement

en Dauphiné ; mais loin de préparer les esprits à une pacification générale, il ne fit qu'irriter la haine et la fureur des huguenots. Un des principaux champions disparaissait, il est vrai, de l'arène politique, il fut remplacé, et le drame sanglant se prolongea, dévorant avec rapidité ses acteurs et ses témoins (1).

Au commencement de l'année 1587, le duc de Lesdiguières, vainqueur dans les Baronies, s'achemina avec son armée vers le Diois pour y contrebalancer par de nouveaux triomphes les succès éclatants que Maugiron venait de remporter. Crest était au pouvoir des catholiques ; le siége de cette place offrant de grandes difficultés, il se jeta sur Aoste, s'en empara et le fortifia, afin de tenir en respect la garnison de cette ville. Les habitants façonnés à la misère et aux vexations, concoururent aux frais de réparation et aux travaux qu'il fit exécuter ; leur empressement à se prêter aux exigences du terrible duc, se justifiaient par le mot célèbre qu'on lui attribuait : *viendrez* ou *brûlerez* (2).

Quoique souvent battus par le canon, les remparts d'Aoste présentaient encore un état de conservation qui leur donnait une grande valeur, au point de vue stratégique et militaire ; là se trouve l'explication de cette ténacité des partis a s'en rendre maîtres. Retranchés derrière ses épaisses murailles, cent hommes déterminés pouvaient arrêter un corps considérable, dominer la vallée de la Drôme et tenir en échec les garnisons de Crest et de Saillans. Les

(1) *Mémoires d'Eustache de Piémont.*
(2) *Vie de Lesdiguières*, page 72.

ouvrages de fortifications exécutés par les ordres de Lesdiguières ne devaient point garantir Aoste des horreurs d'une surprise et des anxiétés d'un siége ; car de nouveaux troubles éclatèrent, les années suivantes, et sous l'action des ligueurs, des royalistes et des huguenots, surgirent des événements et des luttes acharnées, qui se traduisaient par le pillage, la mort et l'incendie.

Cependant l'abjuration de Henri de Navarre et son couronnement mirent un terme aux hostilités ; les factions vaincues désarmèrent ; l'anarchie et les divisions intestines tombèrent devant un pouvoir fort et glorieux. Le pays qui avait désappris le bonheur, au milieu des agitations et des haines, se prit à espérer des jours meilleurs : les plaies se cicatrisèrent ; on oublia d'anciennes rancunes et les cœurs, unis en un même sentiment d'amour et d'admiration pour le *bon Béarnais*, aspiraient tous vers un avenir réparateur.

Le calme dont jouissaient nos contrées, après tant d'orages et de secousses, permit aux communautés désormais rassurées d'envisager, sous toutes ses faces, la situation que leur avait faite un demi-siècle de calamités, de souffrances et de privations. A l'abri de toute crainte, elles pouvaient sonder les maux de la guerre civile, les compter, un à un, et chercher à les réparer, selon la mesure de leurs forces et de leurs moyens. Bien profond était le gouffre ; çà et là gisaient sur la surface les débris échappés aux tempêtes, tristes épaves qu'il fallait recueillir pour reconstruire le vaisseau naufragé. A Aoste, l'anarchie n'avait rien laissé debout ; tout était ruines et décombres ; la communauté obérée de dettes ne pouvait relever ses institutions que par de nouveaux sacrifices et de nouveaux emprunts.

Pendant que s'opérait lentement et avec peine ce travail de rénovation, les huguenots du Vivarais levèrent l'étendard de la révolte ; quelques chefs mécontents d'une paix acceptée d'abord avec enthousiasme, rallumèrent le feu de la guerre civile à peine éteint, et répudièrent comme insuffisants les avantages que leur assurait la publication de l'édit de Nantes. Louis XIII vint en personne assiéger Privas et montrer aux factieux qu'ils avaient à compter avec un roi puissant, ennemi du désordre et de l'anarchie. Les habitants de Livron ayant insulté un détachement de cavalerie, le prince ordonna, par lettres datées du mois de novembre de l'an 1622, la démolition des remparts de ce bourg. Par le même décret, se trouvaient frappées les fortifications d'Aoste et de Mirabel (1). Quand fut close l'ère des troubles religieux, Aoste était encore entouré de sa deuxième enceinte : les tours principales et notamment celle de la *Tourelle* furent démantelées, les fossés comblés et quelques pans de murs renversés ; l'œuvre de destruction a été poursuivie sans relâche par les habitants qui venaient exploiter cette mine féconde, au gré de leurs caprices ou de leurs besoins ; deux siècles n'ont pu suffire à l'épuiser ; car aujourd'hui même, les yeux du touriste et de l'antiquaire se portent avec tristesse sur de beaux vestiges de remparts, dont l'é-

(1) Archives de la préfecture.

paisseur et l'élévation rediront long-temps encore la puissance, les mœurs et les agitations d'une société qui n'est plus.

Le bruit du canon, grondant au loin par-delà le Rhône, la démolition des fortifications, puis les menées sourdes et l'irritation des réformés, tout répandait l'inquiétude et l'alarme au sein des populations. La haine se réveillait au fond du cœur avec le souvenir des luttes passées; une effervescence générale annonçait de nouvelles calamités et préludait à la guerre par la violence, les menaces et des réunions armées; telle était la situation du Valentinois et du Diois, lorsqu'un péril commun suspendit l'action des partis et enchaîna les passions ameutées. La peste venait d'envahir nos contrées; elle sévissait à Valence, à Crest, à Saillans et dans les bourgs voisins. Dès la première annonce du terrible fléau, qui donnait l'épouvante et la mort, la communauté d'Aoste prit toutes les mesures dictées par la prudence et la frayeur : interdiction de rapports avec les étrangers, gardes veillant aux portes et la nuit et le jour, conseil de santé, vigilance active et dévouement des consuls, rien ne manqua, de ce qui pouvait rassurer les habitants et les préserver des atteintes du mal. Cependant la peste franchit tous les obstacles qu'on lui opposait et pénétra dans le bourg, en dépit des arrêtés municipaux. Les registres de 1631 constatent l'existence du fléau, mais se taisent sur le nombre de ses victimes; vers la fin de l'année, il avait disparu laissant le deuil en chaque foyer et la misère partout (1).

(1) Archives de la commune.

Le patriotisme des habitants et le zèle des magistrats se montrèrent à la hauteur des circonstances pénibles dans lesquelles ils se trouvaient. L'anxiété profonde où les jetaient les ravages de la peste, et les mouvements séditieux des huguenots, n'absorbaient pas tellement leur attention qu'ils ne pussent s'occuper des améliorations que réclamaient les intérêts religieux si gravement compromis par les dernières guerres. La domination des partisans de Calvin était attestée par d'irrécusables témoins; l'église de Saint-Christophe et le prieuré de Saint-Pierre n'offraient plus que des décombres et des murs sans toiture. La communauté fit réparer provisoirement, en 1627, l'ancienne église paroissiale, afin que les habitants ne fussent pas privés des cérémonies du service divin ; les sépultures avaient lieu tantôt dans le cimetière de Saint-Christophe, tantôt dans celui de Saint-Pierre. Les protestants qui s'étaient emparés de ce dernier, en 1609, l'abandonnèrent en 1630 ; leur désistement ne satisfit qu'à demi aux exigences des catholiques, car le prieur prétendait à la possession exclusive du cimetière de Saint-Pierre, comme dépendance de son prieuré. De leur côté, les consuls affirmaient que de temps immémorial, ce cimetière avait servi aux sépultures de la paroisse. Un procès soutenu devant le Parlement de Grenoble n'eut d'autre résultat que celui de grever les charges publiques. La transaction de 1673 ramena la bonne harmonie entre la communauté et le prieur. Celui-ci s'engageait à réparer le chœur de l'église de Saint-Pierre, à entretenir un curé, un cloîtrier ou vicaire et un clerc; la restauration de la nef incombait aux habitants. Quant aux bâtiments du prieuré, on ne songea point à les relever; le bénéficier ne résidant ni à Aoste, ni à Saillans, un fermier percevait les dîmes en son nom et veillait au maintien de ses prérogatives et de ses droits (1).

Quoique peu nombreux à Aoste, les protestants s'étaient créé une position d'autant plus forte que leur audace intimidait les catholiques, et s'exerçait sans résistance et sans opposition, une maison convertie en *temple*, depuis la première occupation du bourg par les réformés, la présence d'un ministre, un cimetière particulier et une part aux charges de l'Hôtel-de-Ville, tels étaient les avantages qu'ils avaient su conquérir et que n'osaient leur disputer des adversaires très-supérieurs en nombre, mais privés de cette énergie qui, aux jours des tempêtes sociales, peut seule préserver des intérêts menacés. Dans presque tous les lieux où l'on comptait deux cultes et deux symboles, l'esprit d'antagonisme entretenait la haine, fomentait les passions et troublait la paix intérieure. Des assemblées tumultueuses, des injures à l'adresse de Louis XIV dont les mesures sévères irritaient les calvinistes, tout présageait un soulèvement général. La révocation de l'édit de Nantes, en 1685, jeta la stupeur et l'effroi dans les rangs des séditieux. Placés entre l'exil et la soumission, ils optèrent, en grand nombre, pour l'obéissance, refoulant dans leurs cœurs aigris ce qu'ils éprouvaient de rage et de colère; le départ des principaux chefs, une conviction pro-

(1) Archives de la préfecture.

duite par le raisonnement, en dehors de la crainte des dragonnades, amenèrent aussi de nombreuses abjurations consignées dans les archives des communes. La tradition du foyer, le souvenir encore vivant du culte des aïeux devaient réagir sur des esprits droits, libres de préventions et cherchant la vérité. Parmi ceux qui pratiquaient la religion prétendue réformée, beaucoup avaient été entraînés par la violence ou le désir de la nouveauté. Quand vinrent le calme et la réflexion, ils comparèrent les deux cultes dans leur origine et leur influence sur la famille et la société; puis, ils se dirent sans contrainte et sans peur : Revenons à la foi de nos pères!

Le temple d'Aoste fut démoli quelque temps après la révocation de l'édit de Nantes; il s'élevait dans la rue qui aboutissait au pont et qu'on désignait sous le nom de rue du *Temple*. Cette mesure ne pouvait être appliquée sans provoquer le mécontentement des adeptes de Calvin; bientôt l'agitation cessa; le temps cicatrisa toutes les plaies, et de l'oubli d'anciennes querelles, naquirent l'aisance, le bien-être et la paix.

Les forces vives de la communauté étant unies et rapprochées par un même sentiment de patriotisme, il lui fut plus facile de continuer et de reprendre son œuvre d'améliorations et de progrès. Depuis longtemps la population appelait de ses vœux et de ses désirs la construction d'une église paroissiale; car celle de Saint-Christophe n'offrait ni sécurité pour les fidèles, ni cette décence que demandait le culte. Le nouvel édifice était debout vers la fin du dix-septième siècle et portait le vocable de Notre-Dame, en mémoire d'une vieille chapelle de ce nom. Son allure modeste et timide caractérise assez bien l'époque de gêne qui le vit s'élever. Il n'avait pour racheter sa pauvreté que l'heureux choix de son emplacement.

Le système de centralisation, si habilement inauguré par Richelieu, tendait à se développer chaque jour. Le mouvement s'en allait peu à peu de nos provinces condamnées au repos et à un effacement presque complet de leurs priviléges, de leurs constitutions et de leur vie propre. Les annales, désormais privées d'intérêt et de toute couleur locale, s'écrivent dans la maison consulaire et la sacristie. L'inscription du budget, l'enregistrement des mariages, des sépultures et des baptêmes, voilà ce qui va composer l'histoire d'Aoste jusqu'à nos jours. Aux mœurs guerrières, aux luttes féodales, aux dissentions civiles et religieuses, succédèrent les habitudes pacifiques et monotones d'une génération puisant le bonheur dans l'agriculture et l'industrie.

Lorsqu'éclata la révolution de 89, Aoste ressortait, comme ancien fief des évêques de Die, de la justice-mage ou baillage épiscopal de cette ville. Il fut compris dans le canton de Crest auquel le liaient son voisinage et de nombreux rapports commerciaux.

La population d'Aoste s'élève à 1,254 habitants; parmi eux, 254 suivent le culte réformé; la population agglomérée n'est que de 825; le reste est épars dans la campagne. Ce bourg ne semble pas devoir appeler l'attention du touriste et de l'archéologue. Ses églises du moyen-âge, ses antiques remparts, son château-fort, ont disparu, emportant les secrets de la vieille société. Cependant à l'œil observateur, se révèlent encore de nobles ruines pour redire les phases de son existence à travers les siècles écoulés. Là, un pan de muraille; ici, les restes imposants de la *Tourelle*; plus loin, c'est la chapelle du cimetière formée du chœur de l'ancienne église de Saint-Christophe. Le pont jeté sur la Drôme, il y a quatre ou cinq cents ans, se dresse aussi comme un témoin des gloires, des souffrances et des agitations de ce bourg; il se compose de trois arches dont la plus rapprochée porte la date de 1525, époque à laquelle elle fut réparée. Comme tous ses contemporains, il est pentueux et resserré, mais d'une solidité qui le ferait survivre à de nombreuses générations, si les exigences créées par nos mœurs actuelles ne semblaient le condamner.

Ce serait un crime de lèse-patriotisme que de ne pas dénoncer la présence d'une pierre tumulaire qui se rattache à la période romaine, c'est-à-dire aux premiers âges d'Aoste; elle est engagée dans un mur, laissant voir une face chargée de l'inscription ci-après :

D. M.
ET QVIETI AETER
SEGVDIAE MAXI
MILLAE FRONTIA
MARCIANE FIL
ET CL. PRIMA
NVS GENER
PONENDVM
CVRAVERVNT
ET SVB ASCIA
DEDICAVERVNT.

*Aux Dieux-Mânes et à l'éternel repos de Séqudia
Maximilla, sa fille Frontia Marciana et
Claudius Primanus, son gendre, ont
fait élever cet autel et l'ont
dédié sub ascià.*

On a hasardé mille conjectures pour arriver à l'explication de la dédicace *sub ascià*, et la lumière n'est point faite et la solution du problème est encore attendue. Il ne m'appartient pas d'émettre aucun avis sur une question aussi ardue; ma tâche doit se borner à signaler aux antiquaires un monument dont ils comprendront toute l'importance et la valeur.

L'église d'Aoste revèle, dans son ensemble, ces conditions de misère et de provisoire, qui, au dix-septième sièle, présidèrent à sa construction ; elle est basse et sans voûte, défauts qui doivent être attribués autant à l'ignorance de l'art chrétien qu'à la pénurie du budget municipal. Le clocher est aussi dénué d'architecture que l'église dont il est le complément nécessaire. Recouvert d'une ignoble toiture, il est privé de cette grâce et de cette élégance que donnait autrefois la flèche pyramidale aux beffrois. Il est vrai que ces deux édifices appartenaient, par leur origine, à ces temps mauvais où la foi se concentrant réprimait ses élans et n'osait les produire au grand jour. Espérons que des circonstances favorables convieront bientôt l'administration à mettre l'église et le clocher en harmonie avec leur destination

Depuis plusieurs années, la commune d'Aoste est entrée dans la voie du progrès et des améliorations; elle possède presque toutes les institutions qui font la gloire, le bonheur et la sécurité d'un pays. L'homme généreux qui s'est voué à la direction de ses intérêts, comprend les besoins de notre époque; il saura les satisfaire, et devant son patriotisme éclairé tombera tout obstacle; déjà ses tentatives de rénovation portent ses fruits; déjà, sous son impulsion active et féconde, le bourg se modifie, s'embellit et s'agrandit. L'estime et la reconnaissance de ses concitoyens soutiennent M. Gresse, maire actuel, et l'aideront puissamment à mener sa tâche à bonne fin.

Situé aux portes de Crest, Aoste participe au mouvement commercial qui donne à cette ville l'allure d'un centre industriel; des fours à chaux, des papéteries et autres établissements concourent à l'animer et à l'enrichir. Cependant, parmi les nombreux éléments de prospérité qu'il tient de sa position, on doit ranger en première ligne la fertilité du sol qui l'environne. La culture du mûrier a pris dans ses campagnes un développement dont les résultats se traduisent, chaque année, par une plus grande somme

— 42 —

de bien-être départie entre ses laborieux habitants. La population tend à augmenter sous le rapide essor donné au commerce et à l'agriculture; et, dans un avenir prochain, Aoste pourra prendre place au milieu des bourgs les plus importants du département.

VALENCE. — Imprimerie MARC AUREL.